Paula
Melchor

UN
CONJURO

**Paula
Melchor**

UN
CONJURO

PRÓLOGO
Ángela Segovia

UN CONJURO
Paula Melchor

◆

Colección: Letra Bastarda, 39
Primera edición: octubre 2025
Segunda impresión: noviembre 2025

◆

© 2025, de los poemas, Paula Melchor
© 2025, del prólogo, Ángela Segovia
© 2025, de la cubierta, Laura López Balza
                        @lauralopezbalza
© 2025, de esta edición, Letraversal

◆

Dirección editorial: Ángelo Néstore
Diseño: Martín de Arriba
Maquetación: Letraversal
Ayuda a la edición: Noa González Sirgado

◆

ISBN: 978-84-128275-9-0
THEMA: DC DCF
Depósito legal: MA 1492-2025

◆

Impreso en España por Safekat · *Printed in Spain*
Bajo el cuidado de Rubén González Domínguez

◆

◆

Para la escritura de este libro, la autora participó en una estancia
en el programa de Residencias literarias de la Agencia Andaluza
de Instituciones Culturales en colaboración con la Universidad
Internacional de Andalucía

Junta
de Andalucía

◆

LETRAVERSAL
www.letraversal.com

Prólogo

Hola.

Todavía es de noche en Córdoba. Y llueve. En la habitación pálida del hotel, en este paisaje suburbano, termino de leer *Un conjuro*. Tengo la sensación de que cuando me vaya, dentro de unas horas, mi paseo por este libro quedará aquí sellado, en estas cuatro paredes. Un mundo así, tan lindo, que una querría poder volver a él, leer nuevas historias. ¡Una saga!, pienso, mientras allá lejos veo las luces azules y verdes de los edificios, una niebla suave que tapa las montañas. Me preparo manzanilla en el hervidor y bailo un poco, tontamente, y pienso en la juglarilla, en todas las aventuras que no sabré más de ella, porque una voz es así. Las voces nacen y se quedan un tiempo entre nosotras, resonando, y luego se esfuman, como un humo, un incienso que se apaga. Como la voz de Chrétien de Troyes en *Li contes du graal*, historia absoluta de la caballería, la más importante, una historia incompleta acerca de un muchacho que no sabe nada, ni siquiera su nombre. Semejante es esta historia de una juglarilla que no sabe casi nada, ni siquiera el nombre de su amor, al que encontró y salvó en un río. Y sin embargo, el no saber es tan prolijo en saberes. Sólo a través de una vida de no saber se pueden recibir las enseñanzas más luminosas y las más oscuras. Así son mis personajes preferidos (el idiota príncipe Myshkin, Perceval, Dougie Jones), a los que se suma ahora esta juglarilla: tan ingenuos, tan tontitos, tan poca cosa, como la belleza que una encuentra por ahí, en un bosque de antaño, en un parque infantil, en un bar feo, en el banco de la esquina donde se reúnen las mujeres a charlar, en las plazas escondidas donde se reúnen los dealers a charlar y ven pasar la tarde, unas y otros. Quiero decir, que esta juglarilla bien podría andar por otros mundos, (¿los nuestros?), y andaría, y su voz seguiría cantando o callando, haciendo notar la pequeñez de las cosas, su sencillez y su magia, y en realidad así será porque cada lector de estos poemas se va a llevar por conjuro de palabras unos ojos de cervatillo, que sirven para mirar cosas pequeñas, aventuras pequeñas, como las de la juglarilla, todas muy asombrosas, pero a la vez, tan normales (¿No resulta así la vida todo el tiempo?). Y eso es de lo mejor que puede hacer un libro. Cambiarte la mirada. Torcerla un poco, dejarla así girada.

Bebo mi manzanilla sentada en la cama del hotel, todo pálido beige, oyendo un ruido feo que no sé de dónde viene. ¿Será el ruido de los lunes? ¿Será el atronador ruido de nuestra época? Cuando venía de camino, en el tren, y aún luego, ya sentada frente al público ante el que tenía que recitar unos poemas, me preguntaba lo mismo que la juglarilla, pero qué hago yo aquí, si no tengo nada que decir. Quizás sea esto lo que he venido a hacer, abrir en esta ciudad del sur las páginas de un mundo, leer la historia de una trobairitz, una de las nuestras, que tal vez nos ayude a entender que a veces es necesario callar y que mientras los grandes amores movilizan nuestros pies, los pequeños amores, «los amorcitos», se quedan esperando en nuestra casa.

Gracias Paula Melchor, trobairitz de los años veinte de nuestro siglo, por este mundo mágico, sencillo, sincero, donde a partir de ahora pueden ir a sosegarse las poetas de este mundo.

ÁNGELA SEGOVIA

Para Sergio,
que una vez fue
un cuervatillo que encontré perdido en el río
hace muchos siglos
y consiguió volver a mí.

Para todas las criaturas que amé
en los caminos de ida y vuelta.

Y cuando estaba completamente invadida por esta visión,
decía muchas cosas que eran extrañas a los que oían, pero,
cuando cesaba algo la fuerza de la visión,
en la que me había mostrado
más como una niña que según mi edad,
me avergonzaba y lloraba, y habría preferido callarme si hubiera sido posible.
Por miedo a los hombres, no me atrevía a decir a nadie lo que veía.

HILDEGARDA DE BINGEN

Las tontas y las locas siempre afirman haber presenciado,
a lo largo de su vida doméstica,
por lo menos un milagro.

MARÍA MORENO

Parte uno:
LA CREACIÓN DEL MUNDO ANTIGUO

When in the company of the gods,
I loved and was loved.

H.D.

I

Los amores antiguos y los nuevos
hicieron para mí este bosque
con las piedras y los ríos
la luz y todas las cosas. Trajeron animales
      —garzas liebres caballos—
para que no estuviera sola.

No estuve sola un tiempo
cuando jugué con el agua
a ser un junco bailando
      con las corrientes
a ser una piedra
alta de la montaña.

De pronto noté
mi cuerpo distinto
a los animales los árboles
y tuve miedo. Vi mis manos sin garras
mis piernas
que no eran ramas. Tuve mucho miedo.

Vine al bosque buscando un hueco
silencioso donde pensar mis amores.
En la tierra mojada y fría,
escuché por primera vez mi corazón.

II

Al principio todo era luz, pero estaba sola.
Todo era hermoso, pero estaba
sola.

Nací la primera, de entre las piedras
de un río donde mucho
mucho tiempo después
jugarían los niños.

Al principio no eché en falta el amor
porque no lo conocía.

Un día,
tres después de nacer,
rescaté a un cervatillo que se ahogaba en el río
y le puse un nombre. Le puse un nombre que ya no
[recuerdo
y él me quiso mucho,
porque yo lo había salvado.

El cervatillo me seguía y yo a él
por todo el bosque íbamos los dos,
comiendo bayas. Yo cantaba y el cervatillo saltaba
para cazar la luz de los árboles.

Todo era hermoso y además
no estaba sola.

Primero vino el cervatillo, después otras criaturas. Las temía, como se temen las cosas que se sienten muy hermosas, pero no se logran comprender. Las amaba también, como se aman las cosas muy distintas a una misma. Tan poco verbales. Tan salvajes.

De alguna manera supe ya entonces que acabarían desapareciendo. O que yo acabaría dejándolas. Así que las recordé. Las guardé y ahora las puedo narrar. Estas son unas pocas de ellas, las que más me acompañaron durante la creación

del mundo antiguo:

*Una salamandra con el cuerpo negro y manchas amarillas. La vi escalando lentamente una roca cerca del río, una noche de tantas que no pude dormir por la luna llena. Se dejó tocar cuando la cogí. Me gustó su cuerpo resbaladizo y su forma graciosa de mover las patas al andar. Desde ese momento, a veces acudía a mi encuentro, cuando el miedo me hacía andar por las noches hacia el río. Nos bañábamos juntas en la oscuridad.

*Liebres. No eran como esos conejos blancos impolutos. Eran marrones, sucias por el polvo del campo. Casi siempre huían cuando me escuchaban acercarme. Una vez, mientras caminaba por uno de los caminos de tierra, vi una. No estaba lejos, lo que me extrañó. Yo seguí andando y pensé que ser iría asustada como todas las demás. Pero no, esta no se fue. Se acercó saltando y levantó las orejas. Me miró y yo la pude mirar también. Todo me extrañó mucho. Pensé que quizás era la forma de liebre de alguien que me había querido en el pasado, alguien a quien yo no era capaz de recordar. Ella parpadeó. Sí, tuvo que ser eso. Tuvo que ser alguien amado que me había estado buscando. La saludé con la cabeza y seguí andando. Ella creo que lo entendió. Yo ya tenía un cervatillo.

*Una lechuza blanca. Mi cervatillo y yo la encontramos herida a los pies de un olmo. Un búho más grande había intentado cazarla, pero logró escapar. La curamos y le enseñamos de nuevo a volar. Ni mi cervatillo ni yo sabíamos, pero de todas formas lo hicimos: le enseñamos a perder el miedo. Ella poco a poco lo consiguió. La dejamos irse y a veces volvía con un ratoncito entre las garras, lo que me ponía triste. Ahí yo aprendí que no todas las criaturas del bosque se entienden. Que algunas deciden atacar. Luego se me olvidó, claro. Yo siempre acababa olvidando toda la violencia.

III

Una noche en el campo
tuvimos nuestro primer acercamiento al mundo.
Aprendimos
a callar y mirar las cosas
fijándonos en las grietas.

Hay sonidos a esa hora
iguales a los de mi corazón
cuando tú duermes.

Es fácil escuchar los ecos de los árboles.

Nos quisimos dentro de un castaño
talado con violencia
mucho antes de nuestro nacimiento.

IV

Con el tiempo,
la gente empezó a brotar.

Se llenó el bosque de pisadas
extrañas que no eran de garzas
ni liebres ni caballos, sino de un animal
distinto y descuidado
que dejaba sus marcas en la tierra.

En los claros del bosque,
donde no se tocaban los árboles
con espacio amplio para sembrar,
dormían los unos con los otros
sobre mantos de hojas secas.

Me conmovieron sus formas,
sus cuerpos enredados.

Deben de quererse mucho
duermen abrazados así
como duermo con mi cervatillo
todas las noches cuando hace frío
y la luna llena me asusta.

Toda esa gente empezó a brotar como una magia antigua y me pregunté por primera vez si yo también había nacido así, tan pegada a la tierra, como un conjuro natural. Pero yo era distinta porque preferí ocultarme entre las copas de los árboles. Preferí seguir descalza a mi cervatillo por el río, entre las piedras. Preferí aprender a usar las palabras para hacer mi propia magia. Me divertía más así: yo sola con el bosque, jugando con los poemas.

Una tarde leímos un poema muy hermoso y quisimos sembrar un castaño. Al principio, tan pequeño, con el tronco muy delgado, temimos que se muriera. Éramos recientes y aprendimos juntos lo frágil que resulta una vida a la intemperie. Mi cervatillo creía en mí y yo creí mucho en mi cervatillo: plantamos juntos el castaño.

V

Qué divertido
saltar piedras
tambaleantes en el río
mientras los pies se mojan
y hacer poemas.

Poemas como pequeñas magias
salpicadas de luz; poemas
como cestas para recoger
castañas
y otros frutos que surgen
de pronto en el bosque.

Qué divertido
mojarse los dedos de los pies
mientras se saltan
todas esas piedras
y hacer poemas
que no importan nada.

Qué divertido.

VI

Sin miedo a los
colores
brillantes a los versos
torpes,
me fui adentrando
adentrando
adentrando en las cosas
      secretas.

Convocada por ellas qué extraño
todo eso y todo aquello que ronda
siempre adonde vamos y qué
temblores en los pies al saltar
ríos montañas
eclipsadas.

Sin miedo a los ojos
tiernos, dejando que me miraran. Y qué
temblores en la barriga y qué
extraños quejidos de mi garganta.

Con versos
torpísimos para seducir mis colores
brillantes sin miedo
a enunciar lo que vi de lindo en los demás y lo que en mí
silenciosamente
se despertaba.

Como yo era inquieta por haber nacido del río, me gustaba mucho ir a mirar las cosas hermosas que hacían las gentes del claro. Me gustaba que recolectaran las piñas que caían al suelo y les cambiaran el color. Me gustaba que colgaran las piñas alrededor de las paredes de las casas que fueron construyendo poco a poco, unas junto a otras. Siempre unas junto a otras. Me gustaba que hicieran fiestas para todos los finales y los principios de las estaciones. Me conmovía pensar que necesitaban inventar tantas cosas para seguir los días. Yo era muy fácil de conmover. Tenía un corazón blando como esa tierra después de la lluvia.

VII

El día que perdí a mi cervatillo,
no me importaron los milagros de la creación,
ni vi cómo se secó el río
en el primer
primerísimo verano.

Las gentes del claro aprendieron el fuego, construyeron
su ciudad.
Cuando el agua se secó,
inventaron otros dioses. Cantaron y bailaron para el río,
que se mantuvo muy seco furioso,
en silencio.

Mi cervatillo y yo bebíamos néctar de las flores
cuando los hombres aparecieron. Recordé
cómo se abrazaban por las noches junto a quienes amaban.
Pensé: *ellos tienen mucho miedo, como yo.*
Pensé: *el amor los hará buenos.*

Los hombres me dan miedo porque me quitaron a mi cervatillo. Mientras el río estuvo seco y mi cervatillo bebía de las flores, los hombres se hicieron malos. Los hombres me empujaron me apretaron la cara contra el suelo donde había un hormiguero cuando me abracé a mi cervatillo y lloré lloré lloré les dije *por favor por favor* y ellos dijeron *quita, niña, qué haces aquí en el bosque tú sola.* Los hombres me llevaron a la ciudad lejos de mi cervatillo lejos del bosque de los animales grandes y lejos de todas las cosas que yo amaba. Mi cervatillo tuvo que huir yo lo escuché correr y correr lejos de los hombres malos que lo querían matar. Me llevaron al pueblo porque dijeron que yo no era un animal y no podía vivir en el bosque y yo lloré lloré lloré. Las mujeres me acariciaron la cara me dijeron que era guapa que ya no estaba sola y yo lloré lloré lloré. Las demás niñas me vistieron con ropas nuevas me preguntaron por qué estaba tan sucia y yo lloré

lloré

lloré.

Los hombres me dan miedo porque me quitaron al cervatillo que yo salvé del río y desde entonces lo busco en todas las cosas bonitas. Lo busqué en el bosque y en la luz que él intentaba atrapar saltando y lo busqué también en el árbol que plantamos juntos cuando dio el primer fruto.

Las mujeres me dijeron *es una castaña y está muy sabrosa.*
Yo no me comí la castaña porque pensé y si mi cervatillo
se esconde aquí, así que la dejé pudrirse y luego lloré

lloré

lloré porque mi cervatillo no estaba

y además tenía hambre.

Un día dejé de llorar porque el río volvió a llenarse. El río
me dijo que el cervatillo estaba bien, estaba vivo, había
huido lejos y ya no era un cervatillo. Le dije *pero entonces
cómo lo encontraré si ya no es como yo lo recuerdo* y el río
me dijo *lo sabrás porque un día volverá a ti su nombre ten-
drás que encontrarlo de nuevo y lo sabrás lo sabrás por los
ojos.* Aprendí a esperar a esperar a esperar

y así aprendí la fe.

Parte dos:
LA CONVIVENCIA CON LOS HOMBRES MALOS

Animalillo asustado en un bosque nocturno con compañía que se siente pero no se ve por ningún lado (...) Qué bonito eres. La noche te llena de maldad. Sólo quiere un contacto.

ÁNGELA SEGOVIA

I

He tenido frío tantos días
tantos días
durmiendo en la yerba sin un mantoncillo.

Sin un mantoncillo me encontraron
las mujeres del pueblo durmiendo en la yerba
lejos de mi castaño donde me dejaste tú
en la yerba sin un manto muy lejos,

en los campos.

Te seguí por los valles dormí sola
por las noches
con frío.
Me encontraron las mujeres:
en el camino de la romería
dejaron de cantar.

He sido tantos días
un animal salvaje arañando
la tierra con las manos
en busca de castañas. Las uñas sucias.
Enmarañada en las raíces he habitado los campos.

En mi tiempo de exilio natural, lejos de mi cervatillo, conviví con los hombres malos. Como era muy nueva pensé que todos los hombres malos llevaban puñales como los que habían intentado matar a mi amor. Pensé que todos los hombres malos habitaban en cuevas oscuras y húmedas, que se escondían durante el día y luego salían con la luna, arrullando a las muchachas. Pensé que los hombres malos tenían una cruz hecha de barro en la frente y las manos sucias.

Las mujeres de la ciudad en medio del claro del bosque me dieron una casa blanca. Una casa muy bonita con azulejos que se mantuvieron frescos en ese primerísimo verano. Una casa muy hermosa con un patio amplio en el que se colaban los gatos. Pensé que los hombres malos se mantendrían lejos porque puse coronas de romero en las ventanas y alimenté a todos los gatos, incluso a los de fuera de la casa. Pensé que como alimentaba a los gatos y además siempre salvaba a los caracoles de quemarse al sol, mi cervatillo volvería. Creía que el amor funcionaba así, consecutivamente.

Un día, un hombre guapo y con las manos limpias llamó a mi puerta. Llamó a mi puerta y como no tenía una cruz de barro en la frente, pensé que era un hombre bueno. Pensé que tú me lo enviabas.

En mi tiempo de exilio natural, aprendí cuántas variadas formas tienen en realidad
los hombres malos.

II

Fui una niña
tonta confundí tus ojos
con los de otros hombres. Asomados
a la puerta me hicieron hechizos
oscuros muy antiguos.
No los pude adivinar.

Dime, dime,
por qué
no hiciste temblar la tierra por qué
no secaste de nuevo el río
o quemaste el bosque.
Dime, dime, por qué
no lanzaste una señal clara
que me impidiera quererlos.

Yo era pequeña y reciente
            dispuesta
tantas veces
a justificar los pecados mortales
si venían de hombres guapos
que jamás me querrían.

Estaba sola con los gatos
y era verano.
Todas las niñas se besaban en los montes
y era verano.

Yo siempre pensé de mí que era una niña muy lista que sabía advertir los peligros. Podía ver en la noche mejor que cualquier otra persona que conociera. Podía subirme a los árboles muy rápido. Podía sentir los pasos de los animales y distinguir sus huellas en la tierra mojada. Podía nadar en el río sin hundirme nunca. Podía alcanzar a las liebres corriendo por los campos.

Hay peligros invisibles, tan bonitos y nunca se sabe de dónde pueden venir.

III

Primero
yo quise para mí
una casa junto al campo y todos esos
amores tan buenos.

Los amores muy buenos salen de la tierra,
crecen en silencio
nunca deprisa.

Hay otras cosas
más grandes que una misma:
me quedé cegada por ellas
tiempo más tarde
cuando fui mayor.

Hay cosas muy grandes que encierran maldades
imposibles de ver
porque son hermosas.
Hay cosas malvadas, no habitan
en las casas junto al campo tampoco
son calladas
ni vienen nunca de la tierra.

Las cosas que quise para mí se me es-
currían
hacia abajo estancadas
al fondo de un pozo.

Las cosas que quise para mí
me aturullaban en sueños,
me recordaban lo que yo era
cuando nadie miraba.

Intenté retenerlas.
Intenté recordarlas.

Me enamoré de ellos porque eran guapos y además sabían recitar versos que me gustaban mucho. Ellos dijeron *la belleza convence* y yo dije *sí, y la existencia depende de la belleza y la belleza depende de cómo me miras.* Nuestras palabras no eran nunca nuestras. Eran como ecos de otra gente porque ellos no supieron quererme y yo no me atreví a decirle *te quiero te quiero te quiero*, así que recogía poemas.

Me enamoré de ellos porque estaba muy sola y pronto serían las fiestas del pueblo. Las mujeres de allí me dijeron que harían una hoguera grande en la plaza y la gente bailaría alrededor en parejas. Les pregunté *¿puedo llevar a mis gatos?* y me dijeron *no no no, tienes que llevar a tu novio*. Les pregunté *¿puedo llevar a mis amigas?* Pero tampoco se podía, así que me busqué un novio guapo pero que no era bueno.

IV

Las niñas del pueblo me enseñaron a bailar
—porque era muy nueva—
así moviendo la cintura así
haciendo volar la falda así
así
y con ellas fui muy feliz.

Una niña me puso un clavel en el pelo.
Su nombre se me iluminó
          Casandra
y yo la quise. Bailamos
en el fuego juntas, aunque no se podía
porque ella
no era un novio;
pero fue mi muy
muy querida
adorada amiga.

Descalzas subimos al monte
todas juntas
nos reímos mucho
porque éramos jóvenes
y éramos guapas.

Pequeño inciso para contar la historia de mi muy querida amiga Casandra, otra jovencita desdichada

Casandra, Casandra
fue una niña
tintineante y oscura
como yo.

Casandra jugaba con su hermano
en los márgenes de los caminos,
todas las noches. Dos gotitas
saltarinas
en el auge de una ciudad.

Acudió pronto al silencio y rechazó
el calor de todos los cuerpos posibles.
No había nada en el amor para Casandra
que no pudiera obtener por sí misma.

Huyó a los templos.

*   *   *

Casandra tuvo miedo:
temió mucho Casandra a los hombres.
Vio lo que hacían
cuando nadie miraba
en las sombras desiertas de los palacios.

Vio lo que hacían
a plena luz
en los cuerpos de otras mujeres.

Casandra
Casandra estuvo atenta

a los susurros
y las voces
que poblaron su infancia.
Se escurrió entre las paredes vio
todas las cosas que una niña nunca ve.

Antes de que surgiera el deseo,
Casandra huyó de los hombres.

La vio entonces un dios.

*   *   *

Claro que una nunca piensa
            imposible, imposible pensar
que pudiera ella enamorar a un dios.

Pero un dios la miró y le ofreció
tantas cosas que una jovencita
se ve incapaz de rechazar. Así empiezan, claro,
los más temibles amores.

El dios se plantó ante ella un día
en el bosque y le dijo
algo así:
qué guapa eres, Casandra,
me encanta tu aire de jovencita oscura
y los ojos de lista que tienes
si te entregas a mí
te obsequiaré con lo que más desees
en lo profundo de ti.
Casandra pensó entonces
que el dios no era nada tentador:
su cuerpo
sigue siendo
solo un cuerpo.
Sin embargo, OH,

qué maravillosa la idea
de conocer todos los sucesos del mundo
mucho antes de que ocurrieran.
No más esconderse entre paredes,
ni estudiar con cuidado las señales del cielo.

Casandra aceptó porque quería saber.

* * *

Una vez con su don,
entonces tuvo miedo.
Había visto lo que el placer hacía a los hombres.
Temía el cuerpo del dios
mucho más que su poder.

Casandra
fue una niña como yo:
desató la ira de un hombre y fue maldita.

Empezó a vivir
ecos proféticos por las noches.
GRITAAAAAABA y gritaba como un becerro
que sabe de su sacrificio.
Sucia y cansada la vieron convertirse
lentamente en salvaje:
hablaba
con palabras antiguas
a una multitud incrédula.

Encerrada en su templo oscuro,
empezó a esperar el final.

* * *

A veces
a veces no basta

con poner frente al resto
el testimonio acertado del daño.
Tantas veces no basta.

Casandra, Casandra:
lo supo todo
antes que nadie.

V

La palabra política, dice Aristóteles,
la
palabra
política
es lo que diferencia a los hombres
de los animales. La razón, sí,
que se organiza
discursivamente
en palabra política para los hombres.

Todo lo demás,
bárbaros.
Todo lo demás,
mujeres.
Todo lo demás, dice Aristóteles,
animales.

Nadie quiere ser un animal estrujado en el barro
—maltratado y maloliente—;
por eso, la razón y la política.

Dime, dime: ¿fue Aristóteles alguna vez
una chica muy triste
a la que le rompieron el corazón?
Creo que no porque Aristóteles
          tan listo que era
hubiera sabido que, a veces,
berrear
es lo único que se puede hacer.

Aristóteles fue, claro, sí,
nadie lo duda
un hombre muy listo pero

no fue nunca una chica que vio a su exnovio
bailando lentamente en una fiesta
con mucha gente alrededor,
mucha gente que le decía *oh,*
qué guapo y alto eres
tan elegante
pareces una gacela.

Aristóteles no tuvo nunca
        —estoy segura—
un novio alto y guapo
poeta
que se besaba
con todas las chicas de alrededor.
Tras besarnos, nos acariciaba
suavemente la cara con el pulgar.
Luego nos echaba a una zanja.

Ni poemas, ni parlamentos,
ni bellos artificios del habla:
una vez fuera de la zanja
solo se quiere gritar en la cara de toda la gente
que baila en la fiesta alrededor de tu exnovio
como animal vulgar y sucio,
como un bárbaro que rechaza el lenguaje.

Claro que Aristóteles no estuvo nunca en una zanja.
Cuando una sale se ha olvidado
        para siempre
de todo lo que la hace humana:
extender el cuerpo y aullar
en mitad de la multitud silenciosa
es lo único
que tantas veces quise hacer.

VI

Tumbada sobre las amapolas,
aplastando y destruyendo
con mi cuerpo joven las amapolas,
supe allí que yo nunca sería buena.

El amor es este hechizo oscuro,
un rastro de agua turbia
agarrado a la garganta
que vomito cada noche.

El amor, esta magia terrible:
me despertaba
        —sonámbula, descalza—
atravesaba todo el campo y el pueblo
hasta dar con los barrancos.

Siempre descalza en los barrancos no supe
que amar a hombres malos
me haría mala de vuelta.
Amar a hombres malos
te hará querer aprender
todos los bajos conjuros y las sombras.
Por las noches estudié
sofisticadas y primitivas
formas de destrucción.

Amar a hombres malos
te convertirá para siempre
en un animal oscuro.

Quién fui quién fui quién
pude ser yo.

Aunque una vez mi magia había sido buena, cristalina, como salida del río, todo eso se me olvidó. Intenté hacer de nuevo tiernos conjuros de niña reciente, pero no pude. Fui al bosque a recuperar las partes que no conseguía encontrar en mí. Escarbé en la tierra con las uñas mordidas. Me enfadé con las criaturas que me vieron nacer. Nada sirvió.

Un poder antiguo se arremolinó sobre mí. Lentamente se arremolinó.

Provoqué tornados en el pueblo. Quise arrancar de cuajo las casas de los hombres guapos con las manos bonitas. Disfruté mucho haciéndolo, sí. Me gustó mucho descubrir que yo podía también hacer todas esas cosas. Me hice heridas en los pies de andar de noche descalza por los barrancos. Me hice heridas en las manos de recoger ortigas.

Todo lo buena que yo era se me olvidó
cuando no me quisieron.

Las demás niñas me enseñaron en los campos otros con-
juros antiguos para liberar el cuerpo. Una niña me cantó
una canción:

O primeiro home ao que quixen
tiña as mans duras pero suaves, como papá
pero papá é un bo home
e el era un home malo.

Ellas supieron una magia secreta que había en los ár-
boles. Me tocaron la cabeza con la palma de la mano. La
palma estaba rasposa. Yo esperaba que estuviera suave
porque todas ellas parecían suaves, pero estaban raspo-
sas. Eran como esos árboles antiguos que vi con mi cer-
vatillo cuando era muy pequeña. Me tocaron la cabeza
con la palma de la mano y me dejaron allí los antiguos
conjuros que harían liberarse a mi cuerpo. Dijeron *cada
cuerpo se libera a su manera* y yo *pero cómo sabré cuál es
la mía*. Estaba cansada de los misterios y también de los
símbolos. Me dijeron *lo sabrás porque sentirás al mundo
abrirse de nuevo para ti*.

Parte tres:
CUANDO ME HICE JUGLARILLA

Comenzó unos viesos e unos sones tales,
que trayén grant dulçor e eran naturales.

LIBRO DE APOLONIO

I

Como estaba
triste triste
por el novio guapo
que no me quería me hice
juglarillo cantarín.

Primero compuse cancioncillas
sobre el amor
y el pan y sentirse
muy sola
como un lagarto al sol
muy sola como
un pequeño animalito en invierno.

Primero hice cancioncillas de pena
y a las gentes
les gustaron mucho. Las pedían los sábados
en la plaza
y yo las canté un tiempo.

Fui juglarilla y entonces muchos desconocidos
de repente me quisieron. Mi novio
no no no
me quiso, pero otras gentes
sí, mucho,
porque les gustaron
mis cancioncillas
y mi voz
de alondra triste
cuando las cantaba.

II

Escribí cancioncillas
como conjuros naturales
        muy tiernos
porque quería ser amada.

No me avergüenza confesar
aquí, ahora, ante ti,
la razón de mi escritura:
quería
sobre todas las cosas
ser amada

por mi novio guapo o por
todos los desconocidos de la plaza o por
el cervatillo que perdí o incluso por
las muchachas los muchachos y los
hombres malos del pueblo.

De todos quería el amor
como el agua seca del río,
en el primer verano del mundo.

Como los muchachos y las muchachas empezaron a quererme, se me olvidó un poco mi cervatillo. Sí me avergüenza decir que olvidé a mi cervatillo cuando los chicos guapos me miraban con ojitos de turrón y me olvidé también de mi cervatillo cuando las niñas guapas me acariciaban el pelo. *Soy un ser de deseo* pensaba *soy un ser de deseo soy un ser de deseo* pensaba todo el rato. Atravesé los campos intentando invocar la apariencia de mi cervatillo que se fue hace mucho tiempo, cuando se secó el río. Dije *deseo ser deseada que los ojos de alguien se queden en mí como los gorriones en las ramas de un árbol sin hojas.* Invocaba la apariencia de mi cervatillo perdido y pedía su nombre pedía muchas veces su nombre para poder ir a buscarlo. Buscaba en mis manos los mapas que me llevaran hacia él, pero el campo y mis manos estaban vacías. Y como el campo estaba vacío tuve que inventar otros nombres.

III

Hubo otros nombres tiernos
nombres aprendidos en el monte.
Nombres como de
agua salvaje como de beber
agua nueva
recién
caída.

Hubo un nombre
         corto, silábico
y me poseía.
Buscado por mí
invocado
con sueños sucesiones encuentros
entre la magia y lo ordinario.

Lo digo, aún hoy, lo digo
para volver para irme lo digo
para mirar al fondo
de barrancos y grutas.

Lo digo para
rondar donde lo oscuro y lo digo
también para saber
que hay
tantas cosas hay
tantas
cosas que no conozco,
pero recuerdo.

IV

A veces, yo quisiera escribir
poemillas de esos que fueran como flores blancas
       sencillísimas.
Aquellas flores pequeñas
creciendo siempre en los caminos
y en los pueblos, ¿sabes?

Poemillas tiernos
que comen los niños en primavera.
Poemillas donde las cosas son
justo lo que parecen,
nada más,
y así están muy bien.

Otras veces, yo quisiera escribir
poemas hondos como cuevas secretas, grandes
cuevas misteriosas con muchos caminos.
Cada camino, una imagen.
Multitud de intrincados caleidoscopios.

Escojo los designios poéticos sin muchos juicios,
como en las historias antiguas donde las niñas
son siempre un poco ingenuas.

Hay gentes que en la plaza
cuando canto mis poemas
me miran con desencanto:

decir el amor sin adornos,
qué vulgaridad
qué
vulgaridad.

No encuentro
tantas veces
las voces que deberían surgir en mí.
Me ocurre, ¿sabes?, me ocurre que no sé
si existen tales voces si quizás
pueden las flores blancas
crecer en cuevas hondas o si acaso yo
puedo hacer que eso suceda.

V

Como regresan siempre
las lluvias y los gatos
que creíamos perdidos:
así aparecen los poemas
cada vez.

Como si nos mirara de pronto
un animal nocturno,
feroz y muy bonito:
así se suceden
cada vez.

Hay misterios que cuelgan
de los árboles; ramas viejas
tocando el suelo. Hay misterios.
Tantas veces no sé
cómo decirlos...

Escribir es
rascar el musgo con una mano sin uñas

callarse a oscuras
cuando toca hablar.

Dejé así de cantarle al hombre malo que quise y usé mis cancioncillas para seducir a todos los niños y a las niñas guapas. Les gusté porque mi voz era tierna y me encantaba escuchar durante muchas horas cómo hablaban y hablaban sobre todas las cosas que amaban. Les gusté porque me vieron en la plaza del pueblo cantar mis cancioncillas del amor y el pan y pensaron que quizás yo entendería sus corazones. Les gusté porque cada uno de ellos me pareció siempre una criatura secreta que había que proteger de los hombres malos. Recolectaba para ellos piedrecitas de los ríos y las ponía todas en un altar. Puse montones de piedrecitas y cada una me pareció la última pero nunca lo fue. De mi cervatillo no guardaba entonces más que una castaña seca y el recuerdo permanente de la creación.

Lo más difícil fue entonces vencer la vergüenza de querer otros cuerpos y la vergüenza de querer cantarlo delante de todo el mundo en la plaza del pueblo. Los asuntos públicos del amor me interesaron siempre enormemente. Me era tan difícil ser una criatura callada y mínima. No entendía cómo lo conseguían las otras, eso de ser tan silenciosas. Discretas como las babosas que se deslizaban entre las flores de mi huerto. Esas babositas inofensivas no hacen ningún ruido mientras hunden la tierra con sus cuerpos gelatinosos y yo hubiera querido mucho más ser como ellas: viscosita y callada.

VI

A cada amorcito,
un altar de piedritas del río;
una flor seca,
como recuerdo para siempre de él.

A cada amorcito mío,
una canción nueva en la plaza
del pueblo con la que bailar juntos,
como recuerdo para siempre de él.

A cada amor nuevo,
rezarle por las noches
en silencio como una misa
solitaria
para estar junto a él.

A cada amor,
rituales antiguos
cuerpo y
lenguaje gastado,
como si se usaran siempre
por primera vez.

VII

Soñé que corríamos
por lagos cristalinos preciosos yo
con el pelo suelto tú
tal cual eres así
muy linda.

Soñé que nuestros novios nos miraban
desde el otro lado
de los bosques y los lagos. Tú y yo
corriendo y corriendo tú y yo
corriendo y
corriendo

no los vimos.

En el sueño nunca nos tocamos.
Corremos sobre agua vemos
nenúfares fluorescentes, peces
raros. Paramos los rozamos
un momento
riendo nada más.

Soñé que no importaba tener novios
en los lagos
cristalinos. Soñé
lo que en
silencio
siempre pido: un poco más
un poco más de tiempo
a solas
contigo.

VIII

Te miro cuando caminas, de reojo
te miro. Eres como un mamífero
muy lindo, mediano. Me gusta tu nariz
tu risa con aspavientos, tus pasos
que se paran cuando vas
conmigo.
Me gusta que a veces me miras
como si yo fuera
acaso algo para cuidar. Me miras así
como si fuera un caracol
escondido en el bosque.

Te miro de reojo, pienso
en la muerte siempre
pienso en la muerte. Morirme así
de repente a tu lado, mientras
caminas, como una yegua chica
de un disparo PUM
en la barriga.
Qué vergüenza, qué
vergüenza esta tragedia
de morir a tu lado
   (¿me mirarías?
   ¿me mirarías morir y me recogerías?
   ¿me lamerías la sangre de la barriga?
   si me matan, ¿lo harías?).

Te miro cuando caminas,
de reojo pienso en la rabia
de morirse. Qué rabia
qué rabia
morirse
habiendo chicos guapos qué rabia
morirse.

IX

Yo lo aprendí así:
hilar despacio
las imágenes que surgen
por la noche y por el día

por la noche y por
el día.

Ir con cuidado al pisar, oír
las voces cuando
todo duerme o cuando
todo grita.

Recoger la maldad, también
la bondad:
todo junto aquí,
en el poema.

Había algo que siempre me atormentaba. Continuamente me sobrevenía un fracaso inmenso que sentía por mí misma y por todas las cosas que quería y no llegaban a suceder. Trataba de no pensarlo demasiado, como todo el mundo me aconsejaba, pero no me era posible. Me sobrevenían una y otra vez las imágenes de todas las cosas que no eran como yo esperaba que fueran. No me quedó más remedio que buscar otras formas de hacerlas realidad. Se llamó *mentira* por algunos y se llamó también *ars poetica* por otros. Yo siempre lo llamé *fantasía*. Mi guarida de impresiones nunca acontecidas. Mi asilo raro de cosas por suceder.

Hay quien me animó a continuar con su construcción y hay quien me dijo eso horrible de *para qué* y que cuando yo dije *pues para mí, claro, para mí nada más*, me miró como si yo fuera un animal extrañísimo que aparece de repente en mitad del camino. Descubrí entonces que la guarida que yo había empezado a construir era un gran error en sí misma. Era un gran fracaso que continuamente se derrumbaba. Yo trataba de estabilizarla: la sujetaba con todas mis fuerzas y mis brazos y mis manos de agua, y eso nunca era suficiente. Se me derrumbaba una y otra vez mi fantasía. Una y otra vez se me derrumbaba.

Me comencé a enfadar mucho por pensar que nunca estaría a salvo del fracaso. *¿Es que nunca estaré a salvo?*, le imploraba al bosque. El fracaso lo sentía por todas las partes de mí misma y del paisaje. Se coló por los rincones de mi mentira y mi ars poetica y mi fantasía. Miré a través de él, en los huecos que dejaba, la luz que se colaba. Vi las cosas que se deformaban por su sombra y creaban otras nuevas.

Me enterneció ese desvío.
Aún hoy me inclino hacia él.

X

Este es un mundo
que yo hice para mí
con lo que ansié
pedí en
silencio
por estar prohibido
y no me fue
nunca entregado. Recorrí
montañas amarillas llenas de picos
con la fe dentro
buscando cómo arrebatarlo.

Absurdamente quise
más
siempre lo seguí
cuando en instantes convocaba
mi nombre a lo lejos
            mur mu ran do
mis sílabas y mis pausas y mis
silencios,   marcas
versales. Lo seguí
por entre caminos
ríos largos hasta refugiarnos un momento y luego
nada. Luego
como casi siempre:
nada.

Este es un balbuceo
repetido tantas
veces. Transcrito,
por mí y por otras,
prueba
irreal de mis fracasos.

Después de muchas canciones y ser invitada a pueblos desconocidos, aunque siempre de regreso al mío —allí quise esperar—, comencé a estar triste triste. Me senté con mis criaturas silenciosas en el patio de la casa. Las únicas que nunca me pidieron nada. Ninguna canción, ningún parlamento brillante. Yo las quería secretamente más que al resto. Las quería secretamente más porque ellas nunca me exigieron ningún deslumbramiento. Me permitían estar callada. Callada y quieta en el patio de la casa.

Pensé: *¿serán bonitas realmente todas las cosas que me invento en estas poesías tan raras?* Pensé: *¿podrán quererme de verdad todos los desconocidos que se saben mis canciones?* Pensé: *¿me querrían si supieran que en realidad sigo siendo una niña recién salida del río, salvajísima y mojada?* Pensé: *¿sabrán los desconocidos de la plaza que temo cada uno de los ojos puestos en mí cuando estoy en el centro del mundo?*

¿me querrían todos ellos si no escribiera,
si no volviera a cantar más?

XI

Tengo miedo tengo miedo
tengo tanto miedo de perder
para siempre el pulso el rit-
mo de los poemas.

Tengo miedo tengo miedo tengo
tanto miedo de la redundancia y la arritmia y la
maldad de los corazones duros me da mucho
miedo dejar de ser
tierna y buena y musical sería tan triste para mí
no ser más una dulcísima y redonda castañita que cae
delicada en el bosque *cataclán*
muy delicadamente así *cataclán*
y empezar a ser algo extre-
madamente vulgar como
una bellota
       afilada y muy amarga
que nadie recoge para asar en casa.

Perder mi condición de castañita musical
perder mi característico *cataclán*
perder mi saborcillo asado y perder también
el dulce consuelo de mis tiernísimos poemas.

Sería para mí tan terri-
ble
mente
vergonzoso ser bellota.

XII

En mi sueño
más oscuro y repetido
todo es brillante y yo me encuentro
encerrada en un salón
donde mucha gente habla
dialectos que desconozco.

Suave me deslizo
por las paredes cubiertas de papel floral
—hay lámparas y relojes de plata carcomida—
esperando que nadie quiera
probar mi inteligencia con una agudísima reflexión sobre
       elporquédelapoesía
       elpanoramaliterarioactual
       laestéticadelarecepción
       elpostestructuralismo.

Sí sí sí pienso desli-
zándome por el papel rugoso
como una enredadera muy larga
sí sí es mucho mejor
el silencio esa es mi arma si me quedo callada seré
lo que cada uno quiera.

Deseo tanto el silencio.
Pongo mucho empeño
en retraer mi lengua hasta el final de la boca,
pero me empujan entonces a recitar
me dicen sal, *sal a leer uno de esos poemitas tuyos sobre*
alguien que no te quiere y tienes hambre o algo así
me colocan en el centro mismo del salón
       debajo justo de la lámpara.

Todo el mundo quiere que lea algo
bonito y sensible
que les haga llorar.

Yo les digo y*a no quiero*
estripar más esos poemas preferiría contaros
las nuevas formas que ha encontrado mi voz
mostraros un amor
muy alegre y bondadoso

pero mi lengua ha desaparecido
al fondo de la garganta.

Nadie me quiere ya
como animalillo mudo y tembloroso.

XIII

Tengo miedo tengo miedo
tengo tanto miedo de no ser nunca más
interesante o
necesaria como todas las fuentes
que se buscan durante el verano en las ciudades.

Tengo miedo tengo miedo tengo
tanto miedo de decir
una palabra en falso afrontar mal el final
de un verso
y ya nunca más
descansar tranquila enredarme sin fin
en mis absurdísimas
tribulaciones nocturnas.

Preferiría
ser una montaña
que protege un pueblo
        —grande, poblada de lobos—
y no necesitar los poemas.
Será mejor
acoger en mi ladera a los pastores;
escuchar
de ellos las historias.

Los días empezaron a parecerse los unos a los otros, como le sucede a los árboles en el bosque, que de tanto tocarse sus raíces ya no se distinguen. Empecé a escribir algunas cancioncillas y en mitad de un verso me quedé de repente callada, dándome cuenta de que eso ya lo había escrito, ya lo había cantado antes. Los poemas empezaron a enredarse en mi interior y entre sí. Crearon un laberinto de sentidos y de símbolos tan semejantes que ya no se comprendía para qué estaban.

Yo me sentí muy tonta. Sentí que todo lo que decía era redundante y absurdo. *¿Para qué decirlo entonces?*, les preguntaba a mis gatos y a los caracoles. *¿Para qué decirlo entonces?*, le preguntaba a mis amorcitos muy queridos. *¿Para qué decirlo entonces?*, me preguntaba a mí misma cada vez que sentía ganas de cantar. Empecé a encontrar muy cómodo el silencio, tan cómodo que poco a poco me fue carcomiendo y me hice de piedra. Los caracoles me trepaban por los brazos, dejando rastros de babas. Los gatos se me dormían encima. Las hiedras me empezaron a devorar la cara.

Un día, uno de mis amorcitos me echó de menos y vino a verme. Al encontrarme toda de piedra se entristeció mucho. Apartó con cuidado a los gatos. Puso a los caracoles a la sombra, como me había visto hacer a mí. Quitó la hiedra de mi cara y me puso las manos en las mejillas. Yo creo que me retorcí un poco, aunque fuera de piedra, al sentir de nuevo sus manos. *Te has hecho toda de piedra*, dijo, *¿por qué?*. Yo quería responderle, quería coger sus manos y decirle la razón, pero seguía tan de piedra que no podía. *¿Es porque ya no cantas?*, preguntó. Yo quise asentir y se dio cuenta, porque entonces dijo: *Cuando te quieras callar, te tienes que callar. El tiempo que necesites te tienes que callar. Pero cuando quieras cantar, tienes que cantar. Si no, te pasarán estas cosas. Te volverás algo que tú no eres.*

Y con eso tan sencillo yo por fin lo comprendí. Se me iluminó otra vez el mundo, como me pasó antes tantas veces. Se deshizo el conjuro y dejé de ser de piedra.

Parte cuatro:
LA REVELACIÓN DEL NOMBRE

I love your name.
I say it again and again
in this summer rain.

CAROL ANN DUFFY

Fue un día durante un paseo habitual, en un campo de girasoles secos. Era el final del verano. Me gustan los milagros porque ocurren siempre cuando ya estoy cansada y no quiero seguir buscando. Me gustan los milagros porque son animalillos inquietos que a veces se dejan abrazar. Fue un día durante un paseo habitual, en un campo de girasoles secos, mientras volvía de recoger agua del pozo para mis gatos y para mí. Llovía, como llueve siempre durante los milagros. Se me apareció tu nombre al final del camino.

La luz se hizo dorada mientras seguía lloviendo y yo corría y corría y corría. Siguió lloviendo mientras apretaba tu nombre en mis manos. Los cubos de agua se habían derramado alrededor de los girasoles secos. Muy poco a poco fui abriendo las manos y miré a través. Tu nombre era una lucecita tenue y temblorosa, como lo fuiste tú, en el río, hace muchos siglos.

La miré y se desvaneció.

Yo supe dónde encontrarte.

I

Los nombres amados,
escurridizas
criaturas nocturnas.

Somos pequeños una vez.
Amamos tantas cosas
-todo es nuestro un momento-,
luego olvidamos.

La primera magia:
un nombre que vuelve atravesando las edades,
por los siglos
de los siglos
de los siglos,
hacia mí.

II

Hay cosas hermosas tintineando
fuera de nosotros.

Las cosas hermosas tintinean, las seguimos
a rastras.
Las seguimos
a rastras
porque están lejos y son
tan bonitas.

Los pies se deshacen contra las piedras,
el cuerpo
se vuelve de agua.

Hay senderos
largos
senderos que nunca
me han llevado hacia ti.

Volví corriendo a mi casa blanca. Atravesé el campo y luego todo el pueblo adoquinado, descalza. Las gentes me miraban y muchos supieron que yo había encontrado lo que estuve buscando durante todos los siglos. Reconocieron en mi urgencia su propio deseo. Volví corriendo a la casa y allí me encontré con todas las criaturas que quise en tu ausencia. Los gatos las babositas las flores tiernas y las punzantes. Les pregunté a todas si sabrían perdonarme: tenía que abandonarlas. *El camino es largo y no podré cargar con todas*, dije yo. Ellas lo entendieron. Me querían mucho. Me dejaron ir.

III

Algo se deshizo de nuevo
dentro de mí
      como si yo fuera una rama
      partida
      en un bosque cualquiera de álamos secos.

Quemé las coronas de romero, hice círculos
de tierra en el huerto
para proteger la casa
a todas las criaturas
amadas de dentro.

Las cosas que queremos
se quedan siempre muy solas.

Fui de nuevo esa niña
perdida en un río seco;

somos tan pequeñas
al dejar un amor.

Cerré la casa. Las hojas empezaban a caer. Era ese momento brillante donde el otoño es aún milagroso. Dejé a todos los amores dentro y eché la llave. Hice un conjurito de despedida en el portal. El primer conjuro tierno en muchos días. Cerré la casa y se quedó ahí, esperando, muy quieta.

Yo hubiera querido ser como esa casa: quieta y grande, llena de amores. Había niñas y niños queridos que eran también así: gigantescos corazones sólidos, bien enraizados en la tierra donde nacieron. De verdad quise ser así, pero no pude. Yo era una sombra inquieta que se derramaba a través. Algo me llamaba a lo lejos. Algo susurraba mi nombre y tuve que seguirlo.

IV

Una voz habla a lo lejos y hay que seguirla.

El conjuro original fue siempre
nuestro nombre en labios de otros:
en la oscuridad de los caminos,
alguien nos llama por primera vez.

En las líneas de tus manos hago crecer mis raíces. Escojo de entre todos los tiempos, este tiempo. Me dijeron que aquí estaban tus manos. Ando los caminos, voy pesando qué diré cuando vea tu cara y vea tus brazos. Yo he sido una niña pequeña pajarito. Una niña pequeña pajarito que se cayó del nido hace mucho tiempo y desde entonces vago por la tierra. Yo he sido una niña pequeña pajarito y nadie me ha alimentado. Soy una niña pequeña pajarito y creo que tus manos sabrán sostenerme. Yo he venido a buscarte desde el campo. *Dejé los montes y me vine al mar.* He hablado con los animales, con las yeguas, con las vacas. Cuando me sentía sola pastaba con ellas al sol, echada sobre la yerba esperando avanzar hacia el tiempo adecuado. En el tiempo deseaba deseaba deseaba que estuvieras tú. Soy una niña pequeña pajarito y no conozco mundo más allá de mis montes. Este mar me parece como si la tierra de repente se hubiera abierto por la mitad. Como si la tierra se hubiera abierto por la mitad y estuviéramos bañándonos en su barriga. Dejé las raíces de mis montes y te busqué por el tiempo. Creo que tus manos sabrán sostenerme.

V

Veo voces
claras en el barro en el
fango fluorescente del bosque
recién
mojado.

Soy criatura melancólica.
Soy las voces que en el
bosque mojadísimo me dicen
por aquí y por allá.
Sigo estas voces
       muy plácida
como dama antigua
toda de blanco
con pañuelo roto de seda.

Voy tras las voces claras
en un bosque de barro
recién
mojado.
Las voces me confunden, me ator-
mentan.
Quisiera seguirlas
a todas por laberínticos caminos
de árboles y musgos
chorreantes,
aunque no pueda.

Soy criatura melancólica y dama de barro.
Tengo miedo de las voces
profundas que en el bosque
me miran y me miran.

En las líneas de mis manos hago crecer los mapas ade-
cuados que me llevan a ti. Soy una niña pequeña pajarito
y echo de menos echo de menos echo de menos las no-
ches en las que no tenía miedo de todo, cuando dormía
a tu lado. Cuando por las noches tengo miedo de que las
hormigas me coman los pies cuando por las noches ten-
go miedo de las vacas que mugen cerca de mí cuando por
las noches tengo miedo de todos los hombres malos que
andan por el mundo, cuando tengo mucho miedo por las
noches tu cara se ilumina
en una
        visión
muy clara de mí misma.

Tu nombre se me reveló de nuevo y *ahora te rezo a ti.*
Tu nombre volvió a mí como una barquita en el río en el
que te encontré y *ahora tú eres la parada en la que mis
palabras se transforman en alfabeto.* Tu nombre brilla en
el fondo de todas las cosas que veo.

VI

Mis visiones me guiaron
por caminos, pueblos extraños.
Casas a medio encalar
y lobos por las calles:
mi amor imaginario me llevaba por senderos
nunca recorridos.

Por miedo a los hombres
no me atreví a decir a nadie lo que veía.
Hubieran ido a los pueblos.
Hubieran disparado a los lobos hasta sangrarlos
sobre los adoquines
y las casas blancas.

Mis visiones me enseñaban
conjuros silenciosos

tantas criaturas
nuevas a las que amar.

Y sin embargo es un mundo tan grande. Temo tantas cosas. No bastan el agua clara ni el recuerdo de tus manos ni ver tu cara en el pan. Yo vivía en una casa blanca y fresca hasta que apareció tu nombre y empecé a temer las cosas. Tuve miedo de que un rayo alcanzara a mis gatos que saltaban por el tejado. Tuve miedo de mi cuerpo tan cambiado. Tuve miedo de los disparos que se escuchaban de noche en el campo. Pensaba en los animales cayendo en la yerba seca con el estómago lleno de sangre. Lloraba sola en la cocina. Cerré mi casa blanca y fui en tu busca por los caminos. Saltando las vallas durmiendo con los zorros y los lobos de las plazas. Fui en tu busca con tu nombre abierto dentro de mí. Andando los caminos por un mundo muy grande.

VII

Caminando sobre el río,
vi a lo lejos una plaza.

Allí reposté un rato
largo al sol.
Comiendo nueces pipas
cantando mis canciones
junto a los castaños,
como era costumbre.

Las gentes empezaron a venir
pidiéndome letrillas
para sus alegrías sus
penas
sus   amores.
Seguí cantando un rato más
a la sombra de todos,
como era costumbre.

Las magias se resbalaban,
nos enredaban y nos cubrían.
Se hizo de noche mientras
nos juntábamos allí,
como de costumbre.

Seguí cantando cantando y vi
a lo lejos un rostro

entonces me detuve.

Parte cinco:
ENCUENTRO POR FIN
A MI CERVATILLO PERDIDO

Hasta que respire el día y las sombras huyan
vuelve, aseméjate, amado mío, a una gacela
o a un joven cervatillo
sobre los montes separados.

CANTAR DE LOS CANTARES

Te reconocí por los ojos, como una vez me dijo el río. Tenías esos ojitos de criatura antigua llena de cosas nuevas. Tu cuerpo ya no era el de un cervatillo. Ahora eras un muchacho con las manos pequeñas y los ojos grandes. Tú eras la primera cosa que quise. Te salvé del río, te puse un nombre. Desde entonces te espero.

I

Veo en ti
los ojos del cervatillo que tuve
cuando era pequeña
en un sueño.

Cada noche rogando
la aparición detrás
de las rejas de mi ventana,
con el cuerpo hecho de luna.

En las rejas de mi ventana esperaba
todas las noches descalza.
Manojillo de cosas suaves
malvadas extrañas
como un rastrojo, cansado
campo tras la siega.

Cómo es que has tardado
tanto tiempo en encontrarme
si eras mi cervatillo.

Perdona, perdona, muchacho de manos pequeñas,
que espera en la plaza junto a mí. Tienes exactamente
los ojitos grandes de mi cervatillo perdido y creo que ya
no quiero cantar más.

Veo en ti
el susurro de las primeras voces
traslúcidas en el bosque veo en ti
despertarse las aguas
secas de los ríos veo en ti
los ojos familiares de las cosas que pierdo
una y otra

y otra vez veo en ti
los suaves arre-
bujos innombrables
de la barriga y creo que ya no
no ya no
quiero cantar más.

Cómo es que no viniste a por mí
cuando era buena y reciente. Mi cuerpo creció y mi corazón
se ha hecho hojalata.

He andado
          sola
tantos bosques
ciudades aterradoras
para volver a ti.

Tú me miraste un poco. Parecías decepcionado porque había dejado de cantar. No me reconociste al principio. Creo que no te acordabas de las cosas que habías sido antes de convertirte en un muchacho. Un muchacho con esos ojos grandes negrísimos. Yo canté entonces una cancioncilla muy hermosa, para tratar de hacerte recordar. No era mía esta cancioncilla, la aprendí en uno de mis viajes por otros pueblos. Cuando la escuché la primera vez, pensé que debía cantarla cuando te encontrara. Decía así:

Temblaba tu corazón
en la otra orilla
fue allí donde te quise

pero ya no hay agua
que arrastre
todo aquello
que no supimos decir.

Terminé y me quedé quietecita y callada. Las gentes fueron desapareciendo por entre las calles. Algunas hacia el pueblo, algunas hacia el mar.

Tú me miraste. Me miraste un largo rato.

II

No me culpes
por no haber sido capaz
de ir antes hacia ti.

Era tonta y temblorosa. Solo una niña
con la nariz fría,
encaramada durante las tormentas
a un árbol caduco y muy alto.

Todas las fórmulas posibles
que ahora encuentro
para disponer mi amor
no las tenía cuando aún
éramos jóvenes
y tú caminabas el mundo sin mí.

Suave-
mente mecida
descubría yo el *agua* y la *luz*.

Todas las palabras
y los extraños enredos naturales
de los que ahora dispongo para decirte
que me gustaría tanto
acabar mis días junto a ti

>*bajo esta luz me encanta estar contigo*
>*eres el primer hogar que conozco*
>*hibernaremos juntos en la piel del otro*

los aprendí más tarde.

Pequeño interludio donde se introduce por primera vez la voz de quien fue primero encontrado y luego perdido en el bosque

Debajo del primerísimo castaño que jamás hubo,
muuuuy lejos de la fundación de los tiempos,
una juglarilla y un muchacho
con los ojos de cervatillo hablan
en este libro:

—Cuando nací,
un eclipse lunar tapó los trigales.
Un caballo se desplomaba
muerto
mientras yo lloraba por primera vez.

Las señales fueron claras.
Las criaturas antiguas me llevaron
junto al río, antes de ti.
La profecía
habló:
esta niña se os irá pronto
crecerá demasiado joven
ningún amor será nunca suficiente
no podréis hacer que se quede
querrá siempre algo que no está.

—Pudiste encontrarme en el tiempo.
Caminaste y caminaste hacia mí,
cuando yo me perdí lejos de los montes
y vine al mar.
Nos recostaremos ahora juntos:
tú supiste el camino.

—Habité mucho tiempo en silencio,
temiendo hacer

sin querer
un hechizo oscuro
que enterrara para siempre mi pueblo.
He aprendido
desde entonces
magias que te aterrorizarían.

—Te quiero mucho más
porque cuidaste de los gatos
y del huerto
y de los caracoles pequeños
para que no se quemaran al sol.
Te quiero porque cantaste canciones
siempre para quienes las pidieron.
Incluso cuando estuviste tan cansada
que sentías tu cuerpo derretido
incluso entonces cantaste las canciones.
Te quiero mucho, mucho más,
porque pudiste amar, incluso,
cosas que no eran buenas.

—Tu amor me hace querer hablar
con nuevos dialectos de la tierra.

Me enseñaste el pueblo en el que te habías refugiado después de tu huida. Había calles parecidas a las mías: adoquines, casas blancas, azulejos decorando las iglesias. El pueblo era muy bonito, más bonito que el mío. Desembocaba en un mar inmenso que yo nunca había visto. Me pareció de nuevo como si toda la tierra se hubiera partido por la mitad.

Había también gatos saltando por las ventanas y caracoles en el sol que yo recogí y puse a la sombra. *Los viejos cuidados se repiten*, me dije. Así pienso yo que es el amor. Algo antiguo y repetido.

Tu pueblo era más bonito, pero no era el mío. Los gatos no eran los gatos que yo había aprendido a querer. Los caracoles no se me enroscaban en los dedos como lo hacían los de mi casa. Los barrancos no se encontraban por ningún lado. Tú caminabas junto a mí, como al principio, pero yo sentí que algo no estaba. Algo se había ido. Algo faltaba.

III

Presentía los encierros,
las miradas de lejos.

Mi cuerpo
alerta
buscaba conjuros para traer
de vuelta las cosas
de vuelta las cosas.

GRITAAAAABA y gritaba en sueños.

Lo supe
lentamente:
las imágenes
dentro de mí,
      acumuladas.
Ninguna
se sustituye ninguna
se deshace.

Todo lo que amamos
se queda con nosotros.
Todo lo que perdemos
se queda con nosotros.

IV

Una piedra, una
palabra. Una piedra,
una palabra.

¿Hacia dónde se vuelve mi voz
si no es siempre a las cosas que
        solas
me llaman de regreso?

Cada piedra,
una palabra. Cada
piedra una palabra.

De ida y vuelta son los caminos:
mi voz los teje
siguiendo las huellas.

Tú me cogías del camisón y tratabas de hacer que diera la vuelta. Dormida y buscando cosas que no estaban, no te oía. No te podía oír. Veía en sueños los ojos de mis gatos. Veía a las muchachas que me enseñaron los conjuros para cantar, para liberar el cuerpo. Veía a mis amorcitos sonriéndome a lo lejos. Veía los campos de girasoles y el río. Veía a Casandra bailando en el monte.

Me desperté de golpe un día, al borde del mar. Me miraste con terror, a mi lado. Quise explicarte. Quise mostrarte. Hay cosas que yo no sé decir, nadie me las enseñó. Hay cosas que sé, pero no las puedo contar. Hay tantas cosas que no puedo nombrar. Yo las sé. Yo juro que las sé, pero no las puedo explicar.

Solo las puedo cantar.

EPÍSTOLA FINAL A QUIENES AQUÍ ME ACOMPAÑARON

Tuve que secarme los ojos.
Lo siento, me tengo que ir.

Y si me hubiera quedado
se habría apagado mi voz.

LORENA ÁLVAREZ

Queridas todas:

me gustaría
traeros de vuelta hacia mí
una última vez
con esta magia nueva
antigua y linda que aprendí
en mis viajes y mis permanencias.
Yo sé que esto no es posible:
la poesía no es, aunque me empeñe,
ninguna yegua
plegada a mi voluntad.

Mis caminos fueron de subida
de bajada,
como los vuestros.
Empinados y largos, sinuosos
llenos de peligros.
A lo lejos se vislumbraba un lago
(¿o quizás un mar?)
brillando bajo el sol
y por eso seguí subiendo
cuando tocaba subir,
y bajando
cuando tocaba bajar.

Casi siempre, durante el trayecto,
lloré mientras cantaba. Hubiera querido,
en realidad, ser más valiente:
tener quizás una daga
o un hermosísimo arco tallado en roble
que me diera confianza
me hiciera parecer ruda
para espantar a hombres malos.
Hay algo en mi cara, yo lo sé,
que los atrae: algo como de
inocencia oscura

que quieren quebrar.
No sé por qué, la desean quebrar.
Queridas todas:
la ira que yo desato en los hombres malos
es histórica
repetida y vulgar.

Ven mi inocencia oscura.
La quieren quebrar, la quieren para ellos;
pero es que yo
albergo hechizos crudísimos
hechizos invisibles: mi inocencia los distrae.
Piensan que yo soy eso
nada más. No se creen
en los caminos
que yo, tan sola y sin armas
ni animales grandes
ni un cuerpo fuerte que me proteja no se creen
que yo pueda ser algo más
algo más
que ellos
y eso les enfada. Ay,
cuánto
cuánto se enfadan.

Me da pena,
me da una pena mortal
          (también me da risa).

Queridas todas:
yo pensé que mi relato
era el relato de la espera;
pero estaba equivocada.
Esperé siglos y siglos
a un amor perdido
y eso no me satisfizo.

Yo pensé que mi relato
era el relato de los hechizos
y los hombres malos;
pero estaba equivocada.
La venganza me divirtió
            (lo siento sé
            que no es digno pero así fue
            no me perdonaría mentir
            en este último poema),
            aunque tampoco me satisfizo.

Yo pensé también
que mi relato era el relato del hambre
del hambre y de la pena;
de nuevo estuve equivocada.

Queridas todas:
mi relato fue siempre el de la búsqueda.
Mi relato
era el relato esparcido
de las pérdidas y los encuentros.

Cultivé mi voz
nueva y familiar,
como todos mis amores.
Hui de mi pueblo de montes y luego regresé.
Hui de ese pueblo
hermoso de mar
donde esperaba mi cervatillo,
y luego también regresé.
Yo supe irme y supe volver.

Hice y deshice los caminos
siempre cantando
una y
otra y
otra vez.

Queridas todas:
la poesía no es
por desgracia
ningún portal de regreso a voluntad mía.
Lo que perdí, no lo puedo traer.

Existen tan solo los caminos
y los conjuros, como mapas,
que escogemos para acompañar.
Esta poesía es el mío:
yo lo quise así.

Hay un largo trayecto hacia quienes amamos.
Volveremos a encontrarnos
cada vez.

NOTAS

En la primera parte:

«Mi cervatillo creía en mí y yo creí mucho en mi cervatillo: plantamos juntos el castaño» es una reescritura del verso de Louise Glück: «Una vez creí en ti; planté una higuera».

En la segunda parte:

«La belleza convence» es un verso tomado directamente de *La belleza del marido*, de Anne Carson. En ese mismo texto: «la existencia depende de la belleza y la belleza depende de cómo me miras» se coge de *Desde las gradas*, de Juanpe Sánchez López.

«O primeiro home ao que quixen/ tiña as mans duras pero suaves, como papá/ pero papá é un bo home/ e el era un home malo», son unos versos de Paula Viéitez.

En la tercera parte:

«Soy un ser de deseo» es un verso de Berta García Faet, de su libro *Corazón tradicionalista*. En el mismo texto: «deseo ser deseado que los ojos de alguien se queden en mí como los gorriones en las ramas de un árbol sin hojas» se coge de *Los bloques naranjas*, de Luis Díaz.

En la cuarta parte:

«Dejé los montes y me vine al mar» se toma directamente de la canción «Tu nombre me sabe a yerba», de Joan Manuel Serrat (aunque yo siempre escucho la versión de Marisol, y en ella pensaba al escribir).

«Ahora te rezo a ti» y «Ahora tú eres la parada en la que mis palabras se transforman en alfabeto» se toman directamente del libro *Variaciones sobre un tema dado*, de Ana Blandiana.

«Por miedo a los hombres no me atreví a decir a nadie lo que veía» es de Hildegarda de Bingen, tomado del libro *La mirada interior. Mística femenina en la Edad Media*, de Blanca Garí y Victoria Cirlot.

«Temblaba tu corazón/ en la otra orilla/ fue allí donde te quise/ pero ya no hay agua/ que arrastre/ todo aquello/que no supimos decir» son unos versos de María Sánchez, tomados de su libro *Fuego la sed*.

AGRADECIMIENTOS (y pequeñas disertaciones)

Este es un libro escrito en el transcurso de casi cuatro años. Cuatro años de alegrías, de penas, de encuentros y de grandes pérdidas. Es el libro que es y no otro porque a mí un día, por casualidad, como suceden las mejores cosas, me dio por leer a las místicas. Leí en en especial a Hildegarda de Bingen y Teresa de Jesús, entre otras, y me conmovieron de inmediato sus acercamientos, tan extraños y hermosos, a aquello que amaron. Sentí que en esos textos había algo inmenso que merecía la pena tratar de entender. Me conmoví también por su miedo a no ser capaces de decir lo que querían decir, y por su empeño en decirlo igualmente. Me parece que *Un conjuro* está enunciado desde ese mismo miedo, desde ese mismo empeño.

Durante estos cuatro años de escritura me asaltó también la necesidad de conocer las manifestaciones que las mujeres juglaresas y trovadoras habían podido dejar. Al principio fue una pequeña intuición nada más, pero luego se convirtió en obsesión (como siempre me pasa). Ha sido hermoso poder descubrir un mundo del que yo ignoraba tantas cosas, ver cómo mi poesía cambiaba a medida que descubría lo que todas esas mujeres habían cantado antes que yo. Sus voces sin duda me hicieron mejor.

Tampoco sería posible haber escrito estos poemas sin haber leído a Ángela Segovia. Recuerdo perfectamente cómo era el espacio donde estaba cuando leí por primera vez *Amor divino*. Recuerdo cómo sentí despertarse mi cuerpo al reconocer que algo había cambiado en el mundo, gracias a esos poemas. Hay poesías que nos iluminan así, como milagros que nos acompañan, por suerte, un trecho del camino. Este libro es un eco, una torpe reacción a esa lectura.

Y por supuesto, ni mi poesía ni yo seríamos las mismas sin todas las personas que insisten en acompañarme cada día:

Gracias a Antonio Alías, la primera persona que vio este manuscrito, por confiar en lo que yo podía ser, por el cariño con el que me miró desde el primer día y con el que nunca ha dejado de mirarme.

Gracias también a Charo Águila, que me leyó la primera cuando tenía 14 años y escribía en cuadernos azules de rayas. Gracias, aún hoy, por leer este libro y regalarme siempre su amistad y sus palabras.

Gracias a Ángelo Néstore, por su amistad, su hospitalidad y su infinita paciencia en todos mis temores editoriales. Gracias también a Juanpe Sánchez López, por su comunicación siempre abierta, su generosidad y su entusiasmo hacia mis palabras y mis tonterías.

El imaginario del libro —en especial de la primera parte— no sería lo que es ahora sin la intervención de Carla, que me mostró los sapos, las liebres y las salamandras que podían acompañarme en este conjuro. Gracias a Carla por su presencia constante a lo largo de tantos años, por siempre ser una criatura entusiasmada por el mundo, que levanta las piedras buscando bichos y luego corre a enseñárnoslos a las demás.

Gracias a mi gatita Moti, que a veces se tumba a mi lado a dormir mientras yo escribo y otras veces me distrae de escribir para obligarme a jugar con ella. Moti, que a veces es muy tierna y muy buena, y otras muy mala y muy inquieta; por enseñarme que con todo eso podemos querer a los demás, sin elegir solo una parte.

Gracias siempre a mis amigos, los antiguos y los nuevos, los que me leen y los que no, los perdidos y lo que se mantienen. Pienso en todos más tiempo del que jamás digo. *Un conjuro* es también un intento desesperado de invocaros, aunque sé que algunos no querríais venir.

Gracias, en especial y siempre, a mis amigos de Alcalá de Guadaíra, porque nunca me piden que diga nada. Nunca me piden que escriba nada. Solo me piden que vaya a verlos, que esté junto a ellos. Nunca es suficiente el tiempo.

Y para acabar, gracias a Sergio, por aplacarme cuando lo necesito y acompañarme en los momentos en los que me da tanto miedo todo. Por su empeño en quererme durante tantos días. Gracias a mi madre, a mi padre, a mi hermana, a toda la familia que me espera en mi pueblo, por permitirme huir y enseñarme a regresar.

Este y otros conjuros, siempre para vosotros.

La primera edición de *Un conjuro*
se terminó de imprimir por encargo de Letraversal
el 17 de septiembre de 2025. Ese mismo día de 1179 moría
en el Monasterio de Rupertsberg la polímata alemana Hildegarda
de Bingen. Intentando comprender el mundo desde todos sus
puntos de vista, ya había advertido en uno de sus poemas:
Pero el diablo en su envidia de sí mismo se burló,
porque ninguna obra de Dios dejó intacta.
Mucho tiempo después, quién se atreve
a negarle la belleza.

❖❖❖